섬뫼 울림은

김선호 시선집

오늘의문학사

섬폐 울림은

| 서시 |

바람 타는 물새 한 마리

홀로 앞서가는 물새
불같이 이는 갈채의 신바람

메아리 찾는 울음소리
싱그러운 바람도 함께 가는데
물정을 알 턱없는
나만 울음을 따라 난다

푸른 이빨 흰 혓바닥
춤추는 절벽 위로
되돌아
날아갈 바람을 만나
긴 날개를 펼치고
다시 한번 메아리를 부른다

깜깜절벽의 사위에서 펼치는
군무群舞 속에서도
외로운 나는
그저 한 마리 물새일 뿐이다

일러두기
―――――――――――――――――――――
본문에 사용한 '〉'표시는 연과 연 사이의 '빈 줄'을 나타냅니다.

| 목차 |

서시 · 5

제1부 말하자면 사랑은

산다는 것은 · 15
황량한 들판 어느 곳에서 · 16
속상해하지 마시게 · 18
멈춤, 또 다른 시작 · 20
오, 五月 · 21
그대를 사랑하는 것은 · 22
말하자면, 사랑은 · 24
별이 빛나는 누리 · 26
오해 · 28
오만한 불청객 · 29
영광과 아픔 · 30
청맹과니 · 31
그대가 좋다 · 32
섬뫼 울림은 · 35
고해의 눈물 · 36

제2부 연정 하모니

허무의 신비 • 39
걷다, 안개 속으로 • 40
시가 맺어준 인연 • 42
가을 서정 한 꼭지 • 44
함박눈 애락哀樂 • 46
사랑의 세례 • 48
봄을 초대한 대지 • 49
연정 하모니 • 50
오도송悟道頌 • 51
짝사랑 • 52
숲속의 길 • 54
그대, 할미꽃 • 56
한밭 덕명동의 선비정신 • 57
안락이 숨 쉬는 자리 • 58
제비꽃 슬픔 • 60

제3부 옹달샘의 이해

입안에 도끼 들었느니 • 65
유혹誘惑 • 66
울 엄니와 달걀 • 68
사랑 때문에 • 70
옹달샘의 이해 • 71
작은 모래 알갱이 • 72
바람 • 74
곤장 치는 소리 • 76
봄의 천사 하늘비 • 78
코스모스 • 80
떠나간 새 • 82
먼지 • 83
참사랑의 참사람 • 84
추상화 • 87
벚꽃이 피고 질 때 • 88

제4부 바람 타는 물새 한 마리

보고 싶다 • 93
조국이 말한다 • 94
저녁때가 되었다 해서 • 96
고향故鄕 속의 또 다른 고향 • 98
아름다이 지는 꽃 • 99
운명 소나타 • 100
꽹이 바람새 • 102
그 아이 • 104
그림자는 그래도 낫다 • 106
모닝커피 • 108
해운대 스케치 • 110
꼼바리 나부랭이 • 112
노욕에 걸려든 허깨비 • 113
월녀月女 이야기 • 114

제5부 인생의 의미 그 하나

꽃 중의 꽃 • 117

눈물, 어찌된 사연인지 • 118

늦저녁 • 119

그리움 • 120

길동무 • 122

구봉산! 몸짓으로 말하다 • 124

고목에 꽃이 피려는데 • 126

그릇 • 128

사랑 꽃 당신 • 130

사랑해요 당신, 그대 • 132

싶다 • 134

디오니소스와 연애는 • 135

아프지 마오 • 136

인생은 배 아니런 • 138

핼비 손들다 • 140

작품 해설_문학평론가 리헌석 • 141

섬뫼 울림은 ───────────

제1부

말하자면 사랑은

산다는 것은

산다는 건
움켜쥔 손 - 펴락, 쥐락 - 펴, 보여 놓는 손
자연스레 들이고 내는 노릇
억지스러우면 탈 나는 거고
고통을 말끔하게 치료해 주는 의사 앞으로 가는 것
온갖 것 한 점도 남김없이 비워 주는
해결사가 있는 곳으로 다가가는 것
그리고
세상이 닳아 없어질 때까지
영원히 풀리지 않을 수수께끼
?에 벗으로 있는 일
그러나
산다는 건 여전히
'?'

황량한 들판 어느 곳에서

아들의 아파트 방 안
오른쪽 구석 길게 패인 자리에
맑은 물이 고여 있다
잠결에도 이상했다
이리저리 뒤척이다가
아파트를 나섰는데
드넓은 황량한 들판에
신작로 네 갈래로 나 있다
그저 하나의 길을 택해 걷다가
언제 뵈었는지 알 수 없는
외당숙모 만나 내 동생 안부도 묻고
다시 걷기를 얼마간
어느 간이 정거장에 이르렀는데
뒤꽁무니 위쪽으로 출입구가 난 버스엔
만원, 비집고 올라타려 하나 그럴수록
중력 때문인지 탈 수가 없어지고
휑하니 버스 떠난 자리
들판 한가운데
스산한 간이역에서
갈 곳 몰라 서성이는
가년스러운 내 몰골에 흠칫
현실로 돌아왔느니

내 집 갈 길도 몰라
들판을 헤매 돈 처지
한 치 앞을 점칠 수 없는
앞날이 이럴 것인 줄
몽매에서 깨닫게 되다
뜬눈에서 허무가 기지개를 켜는 사이

속상해하지 마시게

後生可畏
하마터면 잊을 뻔했다
아니
잊고
살았다

한결같이 내 맘인 줄로 안 까닭에

상대의 홍채 힘줄이
미몽을 깨웠다

이승이 어려움인 줄 내 모르지는 않았지만
이제야 알았다
숨쉬기 운동도 쉽지가 않다는 걸
서산 자락이 예인데
오후 두세 시경은
내 해를 바삐 떠미는 데 그침이 없다
안개였다
개기일식이 있을걸
꼴딱 마루가 지척인 즈음에야 비로소
천지인 거를

〉
두세 시의 따가움이
서녘이면 스러짐을
모르렸다, 그도…

향그런 因香은 써서 그림자도 없다
고약한 냄새만 인정을 비웃고

다행 아닌가 네 깨우쳤으니
후생가외 後生可畏

멈춤, 또 다른 시작

거듭되어 서산 드는 연습
등 돌려 눕는 몸
서산 들마 가까워지면
드러눕는 방 따로 쓰는 노릇도 자주
평생 반려 마음 씀새 애틋함은 하늘인데
짐짓 매양 하는 짓 보면 소 닭 쳐다보듯
되레 나은 일상
친구처럼 찾아온 이별
품 안에 찾아드니
늘 함께 벗한 오늘맞이 그만 외면
찌든 영육 '0'으로 되니
그거 그저 홀가분한 이별
한생 멈춤 그리고 또 다른 재회의 시작

오, 五月

오, 五月
향기 그윽한
사랑 내뿜는
싱그러운 푸르른 잔치
한마당 신명 풀어
해바라기 창을 여는
붉은 심장
그대
復活의 女王

해맑은 미소 수줍은 미소
부끄러워 고개 숙였는가
몽환의 소망 꿈꾸는
그대의 떨림소리
芳香의 순정

빙그레 돌 도는 웃음
섬뫼의 바람 꽃피워 가는
참배나무 한배나무 결어진
調和 그대
새 삶의 고갱이 풍성한
오, 五月의 신비로움이여

그대를 사랑하는 것은

그대를 사랑하는 것은
이제나저제나
아지랑이 춤사위 속 봄바람이 타고 오시려는지
알 수 없는 내 엄니
보고픈 마음만 바람만—바람만 일던
나 어릴 적 안개비 옷 젖는 줄 모르는
그리움 때문만은 아니다

한 배는 모자란 건지
또 다른 두 배 세 배 모진 인연의 줄
마다않은 바람꽃이 피운 바람 켠 사연
거북 등 껍데기 그 흉금 모를 아비
속절없는 노릇의 바람
머리 때문만은 결코 아니다
그대를 사랑하는 것은

알량한 보늬 언약
쇠—심의 의지 그 알 바 아니듯
아장바장만 아닌 거 하나 보고
시린 옆구리 데워 준 아낙
그 따사로운 마음의 밭 때문인 거다
내가 그대를 한결로 사랑하는 건

〉
가없는 하늘땅 가에 하나로 결어진 그대와 나
미쁘기 그지없는 '별, 솔, 결'
이 땅의 고갱이니 더없이 좋고
한 몸, 우리 영육 간 그럭저럭하고 보면
주님 안에 다소곳이 숨 쉴 일만 남은 거니
또한 내가 그대를 사랑해야 하는
사유思惟의 필연인 사업인 거다

말하자면, 사랑은

말하자면, 사랑은
고향일 게다
엄니의 젖꼭지 젖 물림으로 비롯되오니

말하자면, 사랑은
타향일 게다
아비의 바람꽃 사연에
바람만 바람만 하는
바람맞이일 수도 있으니

말하자면, 사랑은
그대와 나일 게다
나는 당신이고
당신은 마땅히 나일 것이니

말하자면, 당신은
자연일 게다
저 깊은 산속 옹달샘
마름 없는 은총일 수도 있으니

말하자면, 사랑은
여정일 게다

'희, 로, 애, 락, 애, 오, 욕'
그 모든 것 영락없이 만나는 거니

그러나 말입니다, 사랑은
결국, 절대 창조주 말고는
어느 뉘도 잘은 모른다는데
우정 그런지는 저도 모르고
도무지 정녕 모르지만

아마 모르는 게 약인 거
이게 사랑 아닌가 싶습니다만

별이 빛나는 누리

코스모스
무도회 물결처럼
속삭이는 부드러운 눈길
새파란 이파리 그 갈색의 죽음 위
소망으로 이어지는
이파리 푸른 의지의 생명들
순결의 미소 연분홍 미소 애정의 미소를
여는 芳香의 순정
여기 별들이 빛나는 누리

코스모스
청초한 마력으로
방끗 웃는
시간의 여울 그 旅程 위
어제의 찬란한 잉카문명이
정렬의 鬪牛 핏빛의 함성이
까마득한 고향 전설 되어
송이송이 그리운 희망으로 피어나는
頭 狀 花
여기
별들이 빛나는 누리

〉
<u>코스모스</u>
바람의 군무에 휘파람 불며
꽃 댕기 항아리 한배로 사는
푸른 언덕 곰배의 무리, 무리
순백의 마음 밭에 자리 잡은
아스라한 별 뭇별의 세계
탯줄로 이어나는 신비 샛별의 향연
여기
별이 빛나는 누리

오해

아주 잠깐만이라도
그대가 나였으면 싶다
알게 될 터이니 그대가
숯검정의 내 아낙을
깃털의 떨림에도 버얼건 풍선이 되는 풍신에게
날카로운 비수 그 휘둘림에
자존이 선혈로 낭자해져 어찌되었는지를
그래서 그대가 나였음 어떨까 싶다

아주 잠깐만이라도
내가 그대였으면 싶다
알게 될 터이니 내가
해맑았을 그대 아낙을
먹장구름 속에서도 마알간 빛을 내는 그대에게
스산한 비바람 그 장난으로
마음결이 어둠으로 얼룩져 어찌되었는지를
그래서 내가 그대였으면 어떨까 싶다

오만한 불청객

두 눈 감는 순간
더 하얀 대낮
의식을 파고드는 밑 질긴 불청객
머리와 가슴패기를
점령하며
하얀 밤을 연출한다
그대가 밑 끝도 없이 벌이는 작업에
아슴푸레 새 빛 데불고 오는 여명 무색하고
아낙은 혼곤하다
자리 볼 때마다 여지없이 들어오는 그대
이젠 지겨울 법도 하건마는
외면 없는 그대
참 딱도 한 것 불비례不非禮거늘
바라기는 내 서운함 없는 줄 알면
이제 그 오만 버리고 그만 오시게나
그대, 불청객

영광과 아픔

화장을 짙게 한다
까맣게 할수록 더욱 빛이 난다
두껍게 할수록 정성된 거다
한 번의 화장을 잘하면 누년은 넉히 간다

화장 한번 성의 없이 하면
여러 번의 덧씌움으로
몰골이 사나워지는 건 그 운명의 팔자고
화장이 끝나기가 무섭게
밤낮 모르는 도깨비들
지침 없는 행차 이어지고
더러는 크고 작은 불벼락도 일어나느니

화장이 자주 이지러지면
본색은 거북 등 되고
다시 화장이 이루어지기까지는
화려했던 화장의 생명 이렇게 끝이 나느니

청맹과니

실로암 못의 인연
색계에서나 제 노릇 할 뿐
행복과 불행
기쁨도 슬픔도 볼 수 없는 맹목
보면서도 보이지 않고
볼 수 없어서도 볼 수 없는
영적인 청맹과니
이승에서의 교만이
저승에서는 영락없는 당달봉사
어둠 속에서는 어둠만도 못한
빛이 있는 곳에서도 눈뜬 봉사이기
일쑤
너는 어쩔 수 없는 청맹과니
심안心眼과 벗 삼음이
마땅할 노릇

그대가 좋다

그대가 좋다
오로지 자신의 역사 그 진실을 아는 그대이기에
늘 푸른 안김 속에
또 다른 푸르름을 머리에 이고 사는
그대는 우리의 자존인 거다

싱그러운 해풍의 미소에도
따사로운 겨레 얼의 숨결에도
푸르름의 품속으로 파고들고 싶은 삭풍에도
하늘 아래 죄의 사함과 필요 없는
여우 모습 그대로 패악질을 수없이 해대도
미동 없는 의기 하나로 반짝이는
뭇 보석들의 늘 찬미 받으며
의연히 버티는
그대는 우리의 슬기 결어진 그 자체인 거다

시공時空 속에 오롯이 위로는 겸허히 하늘 섬기고
푸르름 속으로는 오만가지 물상을
조용히 품어 안으며
교만과 비굴 따윈
켜켜이 밀려오는 가치놀에 처리하고
온갖 미물까지도 포용과 베풂으로 엮어내며 사는

그대는 우리의 사랑인 거다

으슥한 새벽녘 늘 푸른 온 누리에
장엄히 올라오는 버얼건 대역사는
온몸으로 암흑을 거머쥔
수고에 격려를 한껏 담은 칭송의 빛
여인국 여왕이 낳고 기른 늠름한 기상을
늘 찬미하는 거룩한 빛의 잔치
그래서 그대는 우리의 기쁨이요 자랑인 거다

그럼에도 우리는 그대에게 부끄럽다 늘
섬나라 딸깍발이들
이제도 떼거지로 난장질에 미쳐 날뛰는데도
우리는 멘붕 상태
우물 안에서 개굴 소리만 헤매고 있는 거
넋 빠진 꼬락서니 너무 못났다
그대 주위를 맴돌고
벗해주는 갈매기가 낫다 오히려
그래서 우리는 그대의 부끄러운
늘 머저리 형제인 거다

그래도 그대는 지지리 못난 뭍의 형제들
힐책詰責 한번 탓하나 없이
늘 푸른 푸르름 속에서 자연의 위무慰撫 받으며
올곧은 의기 하나로 우리의 지존 지켜가는
그대가 늘 고맙고 그리운 거다

그대에게 주는 소망 한 가지
하해河海 그대로 하느님의 영광과 은총이
늘 함께 있기다

섬뫼 울림은

사랑의 노래다
사랑의 노래는 삶의 보람이다

섬뫼 울림은
참의 교향시다
참의 교향은 이상을 부른다

섬뫼 울림은
봉사의 메아리다
봉사의 메아리는 겨레 혼을 일깨움이다

사랑, 참 봉사는 선혈이다

사랑은 성령의 빛이다
참은 양심의 샘물이다
봉사는 은총의 역사다

섬뫼 숨결은 사랑의 통로,
참배 겨레의 숨소리는 섬뫼의 피땀이다

고해의 눈물

꿈이 없다면 고목과 무엇이 다를까
가엾이 내려 피는 안개꽃
풀섶마다 이어 피는 꽃
죄지은 자들을 어여삐 여겨 내려주는 은총
열병을 어루만지는 증거
갈증을 풀어주는 석간수
허허로운 사바세계 은혜로 다스리는 성수
참삶을 엮어내는 한마당 그 고행의 증거
수만 번뇌 쓰다듬어
한 우물로 포용하는 푸른 소망
찬란한 내일을 준비하는 사랑의 손길
내 마음 비단 안개 속에
만상의 변신 위에 신천지 여는 천심의 역사
나뭇가지에 맺힌 진주
나의 영혼을 묻고 싶어라

제2부

연정 하모니

허무의 신비

푸르른 은혜가
본향 잃은 허무로 땅에 나뒹굴게 되는 때 되니
허무는 어수무르한 곳들에 처박히고 묻히고
고체 액체 없음으로 돌 도는 허공의 산물이
높낮음의 교만과 우울을 덮는 이불이 되어주고
공空으로 돌아가니
머언 곳 남남쪽 기운을 받은 자연은
제 몬저 알고 부활을
땅 밖으로 밀어내는가
노오란 개나리 삭풍도 마다않고
앞다퉈 나온 동기들과
아파트 담장에 기대어 새살거리는 기쁨
허무는 신비

걷다, 안개 속으로

산책을 한다
오늘도 산책을 한다
하릴없이 걷는다
멋도 친근할 것도 없는 시간과 같이 걷는다
아마 확실히는 몰라도 내일도 걸을 거다
그가 나를 싫증나 별리로 끝낼 때까지
그와 죽고 못 사는 공간은 내 죽살이 터
내 머리 위 시공 속을 열차는 어디론가 기차게 달리고
평화란 녀석은 어느 맘씨 좋은 아줌씨가 베풀어 준
모이 찾아 먹기 바쁘다
나는 앉아서 녀석들을 바라보고 있지만
여전히 걷는다 간다
내가 쓸쓸히 간다 해도
변할 것도 이상해할 것도
그냥 흰 눈 한 번 주지도 않을 거
분명할 거다 이거
무의미의 의미 의미의 무의미
다른 이들도 내 곁에 거나
뒤처지거니 앞서거니 그렇게들 걷는다
다만 그들에게 관심이 없다는 거
무관심은 끼리끼리 잘 어울리는 것이니
나는 지금도 산책을 한다 걷는다 간다

초년의 모범생같이
핑계가 통하지 않는 속에서 모범생 같은 건
운명 아닌 숙명
운동을 위해 걷지 않는다
그저 걷는 게 숙명이니 걷는 거고 가는 거다
그리고 안개 속으로 가는 것이다
피안이 있거나 말거나
또 그리고
세상은 블랙홀이든 앞뒤든 어디로든
스스로 제 갈 길로 가는 것이고
이래저래 걱정할 게 없으니
그저 난 그냥 걷는 거다 가는 거다
이 찰나에도 안개 속으로

시가 맺어준 인연

하늘에서 내리는 겨울비
이눔더러 시 서너 편
온 누리에 눈송이처럼
띄우라 한다

살갑게 맞은 인연의 고리
그 어느 하늘가
척박한 땅에서도 책갈피 속에 소롯이
묻어나는 시향이어라

책상 앞에 앉으면 절로
시 다듬는 소리 듣는다
빛바랜 노트 속에서도
자유로운 나그네처럼

아니 언제부터인가
확실치는 않지만
늘 내 곁에서 살강살강
스마트폰 카톡 소리는
영혼의 밀창을 두드린다

서책 속에서도 마알간

미소를 띠며

이제는 내 가슴 깊이
우수수 모여드는 꽃잎처럼
그리움의 닻을 올리고 있다

이맘 저 맘, 흔들어버리고
무시로 흐르는 세월 앞에
시나브로 서 있다

나지막이 불러보네
이름하여 겨울연가
이것이 차마, 사랑이 아닐까

가을 서정 한 꼭지

흰 거품도 일지 않는 해맑은 바다 그 파아란 바다 밑
남매들 먼저 떠나보낸 나뭇잎 풀잎들이
북녘에서 서늘한 느낌으로 다가오는 손님
연신 맞이하고 보내기 바쁜 한나절
상큼한 기운의 동산을 지키고 있는 의자
그 의자가 되어 눈을 감으니
어디에서 일러주는 귀띔인가
내 머리 굴림이 속절없이 바빠졌다

사랑이 고이 키운 그런 사람
서릿발이 송곳처럼 솟는 터에
이별이 모지락스럽게 일떠서는 한기寒氣
바삭 메마르고 비틀어져 헤진
민낯의 비정함
연정이 별 대수냐
무정無情하게 쏘다니는 차들 연상시키는 꼬라지를
거품 흔적도 없는 해맑은 바다 시린 바다는
명경으로 자아내고 있는 듯
훗날 ppt, 동영상으로 보여줄 것처럼
눈뜨니 여전히 우리의 바다는
시리도록 파아랗고

〉
일체가 되었음인지 의자는 놔줄 기색이 없으니
자연이 자연의 품 안에서
자연이 되는 것인가 자연스럽게
자연

함박눈 애락哀樂

화려했던 차림들 내려놓으니
잠시는 홀가분하였건마는
악마의 시샘이 한창인 계절
사실 춥기도 하고 민낯이 부끄러워
늘 파아랗기만 한 바다에 기도하고 기도했네
이 고통 말이 아니오니 크막한 솜털 이불 같은
거 뭐시기 거시기한 것 좀
제발 보내 주십사고 애원하였더니만
역사가 밤에 이루어진다 했다듯
밤새고 보니 신비로운 게 바로 이런 건가
나목에 옷을 입히고 민낯 부끄러운 모습 지워지는
허공 선물
눈부셔 못 볼 경지의 빛나는
은채색 소금인가 밀가루 쌀가룬가
아낌없이 켜켜이 쏟아 놓았느니
거칠어진 얼굴 보습 걱정 없고
갈증인가 조갈증인가도 해결된 거고
맨땅 뚫고 나올 새 생명에 성수가 된 거고

다만 처량한 날개가 둥지도 먹잇감도
찾기 어렵게 된 그
이 땅의 날개 이웃이 넘 너무 안 된 게

이 속을 저미고 아리게 만든다
하기사 어디 세상일이 호락호락
모든 것 만족시킨 적 있었으랴만
솜사탕이라도 날개들에게 물렸음 좋으련만
이 어찌하니 이런 애재哀哉
또 하기사 인생사엔 날개 이웃은 웃질
넘 너무 애성이한 애재,
쓰레기 더미는 핏발의 새일 뿐
어쩔 수…

사랑의 세례

나날 금빛 속삭이고
푸른 잔칫날이
사람 사는 자리는
때로는
푸석해지고 갈증을 느낀다
어쩌면 그리도 잘 아시는지
하늘이 베푸시는
성혈 하늘비
인고의 아픔 딛고
꽃망울들이 터지는 소리
파릇파릇 앙증맞은 배역들
저 잘났다 키재기하고
따사로운 금빛 살도 더 살갑게 하니
봄의 마중물
하늘비 꽃비로 내리는
하늘비 하늘비는
하늘 님 베풂의 시종
그 사랑의 세례

봄을 초대한 대지

솔잎이 춤을 춘다 가끔씩
묵상을 마치고 기지개를 켜는 대지
앞바람 모시면서 넌지시 묻는다
내 식구들 세상에 내놓아도 괜찮으냐고
대지가 하늘에 엎드려 기도하며 청하느니
내 식구들 이제 바깥에 내보내도 되겠는지요

대지가 방자했던 동장군 잡아놓고 호통친다
되통스러운 이 지경일 때나마
발자국 소리 없이 떠나는 게 어떠냐고
칼바람 망나니 속에서도 묵상으로
천혜의 교향곡 울림 속에
새 생명들 속으로 키워낸 대지
마파람 하늘비 솜털 같은 세례가
대지의 소청에 화답
망나니 눔 허둥지둥 달아나고 스러져
바르작거릴 것도 없는
순명의 대지는
이젠 뭇 생령의 기지개 짓
그리고
베풂만 펼칠 일이다

연정 하모니

당신 보고 보고 싶어요 지루한 거 지나 지쳤어요 해바라기 꽃이 내 신세

저인들 보고 보고 싶지 않았겠나요 달밤에만 님 그리는 달맞이꽃 이 신세인데

하루 종일 종일 그대 안에서 행복 그리며 지내는 거면 그 얼마 얼마나 좋겠는지요

잘났다고 저 스스로 목 보호대 쓰는 인생 못났다고 저 스스로 노숙 자리 찾는 인생

이웃 담장 넘보잖고 오직 한 인생만 구세주 삼는 해바라기 달맞이꽃 우리 실다운 인생

되작거린 지난 세월 휙! 이젠 당신 손 꼬옥 잡고 살맛나는 인생 실쌈스레 살게 되오리

당신 보고 싶고 나 보고 싶은 애틋한 정 머리가 모시 바구니 되듯 하니 풀벌레들

춤추며 하모니 이룬 합창 가없고 원앙이 떼 지어 노래하는 마을마저 우리 곁에서 숨들을 쉬니

우리 사랑 그대 당신 사랑 이쯤이면 별도 따올 사랑 아니가예!

오도송悟道頌

스승은
엄니,
금강의 모래알같이 많은
시라는 이름의 시 끄적거리는 시 나부랭이… 아니
나부시 소우주를 빚어내는 이 그리고
죽살이 세상사 또 그리고
눈 감으면 지켜보고 눈 뜨면 속으로 달려오는
오감의 벗 자연
그에게서 감동 얻고 깨달음으로
꽃피우는 위대한 놀애 글 그래서
다시 현신의 스승
오도송悟道頌

짝사랑

짝사랑은 갈대
갈대는 슬프다
슬픔은 외소리와 눈물을 달고 산다
이렇게 사는 건 그리 보고픔의 샘 때문
샘 때문인 건 지리한 아픔이 만들고
이거는 마음의 멍울
나만의 짝사랑도 외기러긴 줄 여긴 적 없었네
고매하고 순결한 내 짝사랑
내 맘 내 사랑 숨소리까지 잘 아시는 이
느낄수록 향기롭고 뵐수록 바보 같은 그
미동도 눈길도 아시는 척도 하지 않으시는 한결같은
그러나 난 이제 전혀 슬프지 않다
어쩜 내 모든 걸 잘 아시는 게 문제면 문제
내 사랑의 순도 그이 아시는 거
'나노'란 놈도 혼절할 거니
그이는 내 사랑을 어떻게든 받아들여 돕는 게 일상
그것이 그이의 숙명! 끊임없는 작업이시며
시작과 끝을 순환시키는 천직이시고 천성이시니
이 아름다운 이 거룩한 이 그이가 아시는 내 사랑
이 짝사랑이 외로울 까닭 슬플 연유가
"인류의 가장 위대한 사랑의 하모니는 하느님과의 사랑이다"*

짝사랑 그중 아리따운 짝사랑 그건 가장 순결한 사랑의 순도 100%
지나친 측정 아닌 거

* 2015년 2월 15일 "가수원 성당" 일요 아침 미사시 '지경준 시몬 신부님'의 강론 중에서 인용함

숲속의 길

어머니 집을 나오다
어머니 집을 나온 때부터 출발이다
걷기 시작 가지 않은 길
아장아장 사뿐사뿐 뚜벅뚜벅 걷는다
쉼 없는 걷기지만 온 누리에서 모두가 하나같다
출발 그리고 마무리의 시공만 다를 뿐
걷는 길 온갖 것들로 버무려진 생령
정령들이 우글대는 숲속이니
안팎으로 견뎌내기 어려운 아귀들의 심술도 대단하여
아주 주저앉은 주검
누더기 신세 왼 상처투성이 몰골 저주의 병마…
육신 영적인 절뚝이 영육 간의 절름발이
또 다른 까닭으로 걷는 이도 많다만
'희·로·애·락·애·오·욕'을 걷기
때때로 긴장 이완의 명약으로 쓰노라면
거친 모진 회오리바람 온갖 잡것 사탄의 유혹에도
짐짓 흔들리는 듯 누웠다 일어섰다를 반복하는
오뚝이 사촌의 푸른 결기로 그렇게 걸을 수 있다
거목이 가랑이 찢어지는 아픔 무엇 때문일까
코끼리를 쓰러뜨리는 존재는
회색 밀림 숲속 그 아귀 길에서 헤매잖고
숲길 걸음 끝나고 영원한 안락이

숨 쉬는 곳에 이르는
아름다운 걸음 마무리
애기 애타의 향기로운 겸허 아닐까

그대, 할미꽃

늘 제 죽을 줄 모르는
많은 밤보*들이 앗아가는 봄
그대 싱그럽게 자라보지도 못한 채
머리에 흰 여우 털 두르고
고개도 못 들며 백두옹白頭翁 되었네 그려
잘나가는 배기가스 황사 초미세먼지 따위에
신세 개털 된 자연

자연의 부자연이 빚은 슬픈 그대
아 그래도 부끄러워하지 마시게나
그 뉘도 울고 갈 그대의 자줏빛 얼굴은
들뫼 꽃 중에서 으뜸 으뜸이리니
애오라지 이눔이 사랑하고픈
그대, 내 연인 할미꽃 아프로디테여

* 밤보 : 필자가 만든 바보의 애칭

한밭 덕명동의 선비정신*

지조와 같이 단단한 덕명동 대숲의 댓잎에
교수들의 기침 소리가 맺혀 있도다
푸른 이상과 같이 청아한 대숲 댓가지에
순백의 순결한 지성 감성이 어려 있도다
고요히 숨 쉬는 대숲 대 뿌리에
선비의 뿌리가 겯어 있어라
통찰력 예리한 고갱이 선비들의 대숲 댓줄기에
사회의 온갖 비리가 혼쭐나더라

* '덕명동'은 대전시 유성구 덕명동이며 '선비'는 '국립한밭대학교 교수들'을 의미
* 이 시는 고 이장희 시인의 「봄은 고양이로다」의 틀을 바탕으로 하여 지어진 시
* 이 시는 지은이가 최근 문예창작지도 중 강희근 교수의 『우리 詩 짓는 법』(문학예술사, 1983, 22~26쪽)이 모티브가 됨

안락이 숨 쉬는 자리

단비가 되는 하늘비 내린 이튿날 새벽
중복이 갓 지난 계절 때문인지
눈부신 임자는 벌써 한겨울 같은
아홉 시를 웃도는 즈음에 올라왔고
머리 위 하냥 드넓은 옥색 치마는
구김살 하나 없이 선하다
소나무 숲속에 들어서니
간간이 들리는 새소리 숲 숨소리만 느끼게 될 뿐
숲의 정령 그 안락은 아직도 잠들어 있는 듯
어쩌다 지나치는 등산객의
발디딤조차 조심스러운 것 같고
내 가쁜 숨쉬기도 미안해할 경지
가깝지 않은 곳
건축 현장의 돌 쪼아대는 소리가 신경 쓰이지마는
안락의 고요는 여전히 진행 중이어 아주 다행
잠잘 사위가 얼마 안 돼
깨질 게 게눈 감아도 알 노릇이듯
이 땅의 붉은 색깔들의 망나니짓 분탕질의 깽판이
기상을 늘 불연속선으로 만들어내고
뇌동하는 상층부가
더더욱 오늘 이후 누구도 모를 어찌할 수 없는
어둑 캄캄한 상태로 이끌어내는 형국 아닌가

언제나 미친 발광 끝내고
소나무 숲의 정령이 고요의 안락 누리듯
이 땅의 참 겨레 민초들이
돌곗잠에라도 빠져들 수 있을까
사위의 고요 속에서 아주 맘 편히
그런 날 반드시 있게 하소서 사랑이신 주님!

제비꽃 슬픔

거의 매매일 탱글탱글 웃음이신 해님
야들야들 살랑살랑 매만짐이 습관 되신 신바람님
온몸 세례 베풀고 떠나곤 하는 하늘비님
보고 있어도 보고 있어도 보고프다지만
그리 그리운 님은 아니

치매도 없는갑지
어느 해 봄도 빠짐없이
우리 사는 동네 찾아오건마는
까막 기억 돌아옴 지둘르는 게 차라리 낫제
한 번도 찾아와 주지 않는 제비 친척들
이웃사촌만 못함 이런 거였어
가끔 이웃 풀벌레 친구들
수다 떠는 얘기에 노래해 주고
해맑은 밤엔 별님 은하수
때론 달님까지도 모두 미쁜 인사에
어느 정돈 위로가 된다
그러나 소망은 친척들
단 한 번만이라도
날 기억해 찾아와 주는 거
순정한 내 바라는 맴인 걸
몰라주는 그게 그래그래 서럽다 서러워

요행수만 있다면
본향으로 돌아가 다시는 일어나고 싶잖다
그리고
이 연민 남쪽 나라로 떠나는
바람 우편에 아주 보내 버리고
잊을 수만 있다면, 잊을 수만 있다면
좋겠니 얼마나
나 못다 이룬 인연, 소망

섬뫼 울림은 ─────────────

제3부

옹달샘의 이해

입안에 도끼 들었느니

이러다간 그러다간 저러다간
공든 탑도 모래성이 뻔하지라

그러다간 저러다간 이러다간
요 귀여운 알카에다 뻔하지라

저러다간 이러다간 그러다간
비둘기 떼 죽어감이 뻔하지라

입속으로 드는 것이 음식이면
입 밖으로 내놓는 건 살 죽이라

천적끼리 입 맞추기 하나 마나
밝은 대낮 밝혀지기 그만이라

입속 혀에 도끼 듦을 깨달으면
비둘기 행복하게 오래 사는지라

유혹 誘惑

모르면 겁이 없다
아는 것이 힘이다 거짓말
병인 건 아는 것, 가르치지 마라
노자가 미쳤남
공자보담 웃질 일 걸 아마
니가 시인 수필가
염색 속에 숨죽은 하얀 사색
글자가 자꾸 도망가는데
콩트에 칼럼에 동시에 소설 습작이라니
뭐를 하려면 한 뭐를 하라 했다
컴퓨터 아니 주위
뒤통수 찜찜 귀가 뜸하게 가렵기도
아니 자연이
흘긴다 흰 눈을 주고 또 주어
자막은 어슴푸레
이슬방울에 흥건한 자판
연신 훔쳐대는
주먹손에 상판대기에도
그려지는 찝찔한 꼴값지도
참 잘났다 잘났어
빙신
논바닥 갈라진 틈에

시나브로
절필의 유혹

기어가는 詩心
비위가 항의할 버티기 웬 배짱
모른다 자아, 자기기만
아서라 자판
그리 어려운가 안녕을
애달파하는가 자판이 별리를

울 엄니와 달걀

울 엄니 눈물 삼킨 달걀이
칠십여 해나
호수에서 헤엄치고 있다
홍도 빛 마알간 얼굴 되어 가지고

울 엄니 눈물
이 눔더러 사랑으로 해맑게 자라
어둠 몰아내는 큰 인물이도록
거룩한 빛 되신 거 아닌지 싶다

도회都會에 유학 보낸
아들 실은 버스 떠나보내고
불그레한 달걀 담은
앞치마로 얼굴 훔치시던
그 사랑이
구석구석 어둠 사르는
모습 되신 거 아닌지 싶다

아마도 우리 엄닌
한가위 보름날 밤
정수淨水 속

〉
빙그레 벙그레 해맑은 알 떠드시어
낳아 키운 자식
인물 되기 공부는 때가 없음 깨우치도록
산더미 같은 풍랑들을
겪고 또 겪고 계시지 않나 싶다

엄니 내 엄닌 해맑은 호수에서나
이눔의 침실 네모진 틀 공간 안에서나
아들 내외 앞길 탄탄 큰길 되게
하늘 뜻 받드시는 성스러운 일에
알짤없이 애쓰시는 거 아닌가 싶다

엄니 내 엄니
오늘도 앞으로도 이 못난 자식 바람은
이제라도 주님 은총 속에
영복 누리시는 것뿐이랍니다

사랑 때문에

두꺼비는 제 몸을 기꺼이 내주었다

옹달샘의 이해

옹달샘은 어머니의 젖이다
젖은 빨아먹어야 채워진다
채워짐은 비워짐의 비롯이다
비롯은 연으로 이어지는 인이다
인은 채워진 샘물이다
샘물은 흐름이 멎는 연이다
연은 샘물이 비워지며 채워지는 바다이다
바다는 어머니가 젖 물려 덩치 키운 사랑이다
엄니의 사랑은 유방이다
유방은 열정을 달래주는 바가지이다
바가지는 어른 아이의 애물이다
애물은 취하면 취할수록 커지는 풍선 같은 거
풍선은 엄니만의 소중한 희열 담은 공간
공간은 엄니의 담대한 희생을 필설로 그려내는 시간
시간은 엄니의 가없는 사랑의 여로
여로는 모른다
모른다 늘 배 불려 주는 어머니의 유방
유방은 어머니의 내리사랑 방임을 안다
안다 해맑은 옹달샘은
생명의 원천임을

작은 모래 알갱이

마라톤 선수가 달리는데
고통은
심호흡도 심한 갈증도
아니고
작은 모래 알갱이 하나가 주는
고통이었다네요
그래요
헬 수 없는 작은 알갱이
알갱이는 십자가
똑같은 무게건만
등에 지고 가면 고통이고
가슴에 품고 가면 미쁨이겠지
고통으로 느끼는 건 불행
고통의 극복은 옹달샘 물로 목 축이는 행복
숙명으로 지고 품고 걷는 십자가
고통인가 부활인가
개기름에 거드름 허명에 목숨 거는 이들
그거 배부른 돼지가 겪을 고통
보석 같은 작은 모래 알갱이들
으쓱대는 교만 본태에 없는
이름이 그저 이름인 아름다운 알갱이들
알갱이들 들풀들의 우정 자연 친구

고통은 부활의 또 다른 보석임
비바람 눈보라 속에서
피땀으로 가르침 받은 은총의 은총

바람

바람은 바람

바람에는 바람이 있다
바람에는 바람이 없다

바람 이 바람엔
주의 기도 팔랑개비 되고
빙그레 웃는 얼굴 훈훈한 마음
물수제비로 퍼져나가며
달님이 보름날 밤 정화수 찾아
기도를 하고
고운 결 하늘을 울린다

바람 이 바람엔
미친 괭이 소리로 양들 속 뒤집어 놓고
소금 날밤 광기로 지새우는 부역질은
시나브로 지옥에

바람 이 바람엔
땀방울이 불러온 산들바람
자연에 되로 주고 해코지
가마니로 되받는 어허 바람

〉
비빔 바람엔 비둘기 날고

공허를 유영하는 바람엔
잡것들로 무덤 이루고

웃찾사 개콘 같은 신바람
덩더덩더쿵 웃음의 미학
몹쓸 바람엔 상처 저주 허무만 뒹구르르

바람엔 바람이 없다
바람엔 바람이 있다

바람은 바람

곤장 치는 소리

곤장 치는 소리
귓구멍을 울게 하는 곳
생생한 형틀에 방망이는 없건마는
하루에도 누십 번 곤장 치는 소리
돈 돈 돈 내게 하는 꽃미남 원장 사또
없는 곤장에 형틀만 손대면
육신이 그저 그저 편해지는
곤장 치는 소리
곤장 없이 나는 소리소리 들으며
형틀에 누워 천장 보고
엎드려 바닥 보고 있음
들어온다 들어온다 돈 돈 돈
신통한 소리소리
곤장 치는 소리
나아진다 나아진다 허리 편해
방통한 소리소리
곤장 치는 소리는 신이 나는데
신음 소린 벽이 빨아들였는가
환자님네 싱싱 원장 사또
서로서로 싱긋 싱글벙글
신통방통 소리소리 소망 실어
곤장 치는 소리

대전 서구 가수원
바르고 바르다 의원 한의원
윤중 원장 김 원장, 간호 누이 누이들
좋다 좋고
바르고 또 바르다니 고객님네들
좋구나 좋고
매매일 바늘 세례 받는 덕에
덩더 덩더 덩더꿍
더욱더 기운 난다 신난다
곤장 치는 소리소리 소리
그래그래 좋고도 좋구나
의원 한의원 잘나가는 소리소리 장단 소리
좋기도 좋네
추나는 그저 좋아 신통방통 소리소리
곤장 치는 소리 신바람 난다
들어온다 들어온다 금세 금세 또 돈 돈
나아간다 나아간다 허리 병 혼쭐나 줄행랑
세 번 세 번 또 세 번
곤장 치는 소리
이제도 저제도 기운 줄기 되살리고 되살리네
신나네 신이 나네 그저 그저 기운 펄펄
또 곤장 치는 소리
소리

봄의 천사 하늘비

갈 겨울
인고의 아픔이
영롱한 진주처럼
하늘비 되어 오시니
숨만 쉬던 초록이
모습을 드러냅니다

지워지는 겨울
봄맞이 허공이
작정하고 내놓은
거친 피부 보습제
하늘비는
움츠려 마비된 산하
일깨워 마침내
해맑겨운 꽃내음
바람을 유혹합니다

하늘비 그미는
주께서 내리시는
사랑이 그지없는
결 고운 빗살 베푸는 임자

〉
부끄러이 부풀어 오른
연분홍 소망의 봉곳함을
싱그럽게 얼러 주는
그미의 사랑 행위는
생기발랄해지는 봄 세례로
자연히 자연스러운 자연의 자연

하늘비 당신은
절절히 가슴 태우는
내 사랑 불멸의 연인

더 바라지는 않으리니
가끔 아주 가끔씩만
보여 주소서
사랑이신 임의 모습을
달달한 꿈에서나마

코스모스

산들바람 타고 왔을 코스모스
야드르르 코스모스 엷은 미소로
이눔에게 다가왔다
무심한 바람에도 스러질 것만 같은
개미허리에 늘씬한 모양새로

장다리꽃 그중에도
야리야리하기 그지없는
이눔에게 오시다니
둘이 하나 되어도
먹거리 걱정 하나는 없지 싶었다
뭐 거시기는 개도 아니 먹는다는
처지가 굴린 잔머리 셈법으로

내 안해는 아니 그럴 줄 알았다
이 눔도 아니 그럴 줄 알았다

늘씬 날씬 하늘거리던 코스모스는
멕시코 하늘의 별이 되었는지
가름된 풍만한 수국만이 향기롭고
야리야리한 장다리는

〉
제주에 터 잡아 인심을 유혹하고
야거리 같은 바로 이눔은
반월을 늘 몸에 달고 사노니

코스모스 내 안해 이눔 장다리
이러구러 변모된 모습임에도
자주자주 오가며 인사치레하는
하늘빛 산들바람 은회색 세월 녀석
맞이하고 떠나보내기
오순도순 미쁨 속에
씨줄 날줄 재미 삼아
엮고 또 엮어 가는 건
다시없는 청실홍실 인연
무지갯빛 아름다운 사랑이기에

떠나간 새

언제였는지 불현듯 내 눈에 그린 듯 들어온 새
기억 저편에도 남아있지 않을 그 새가
너무도 자연스럽게 내 품속으로 날아들다니
우연 아니면 필연 아님 인연 기쁨을 만들어 주는 그런 새
시간 세월 오로지 너와 나의 것처럼 쓰였다
호된 착각이었지
서까래 몇 개 썩는 강산 변한 줄도 몰랐으니
언젠가는 떠나야 하는 새의 운명
그렇지만 보송보송한 깃털 하나 남김없이
그리 가볍게 떠나갈 줄은
아뿔싸는 애시당초 만들지를 말았어야 했는데 어리석었지
처음 품속에 헤집을 때 내쳤어야 했다
여린 맘이 상처를 만든 거니까 날아간 새에 미련은 속앓이일 뿐
철새는 한 해 한 번은 꼭 그리운 품 안을 찾는다
그러나 내게서 떠나간 새는 찾지 않을 거다
치매나 정신착란 아니면 새 머리래도 다시 찾지 않을 건 그거지
아니 미쳐 다시 찾아온대도
이전의 아름다운 새 그 속내는 아닐 것이고
제 삶터 찾아 떠난 새 걱정은 사서 걱정이려니
자 난 나는 즈음 세상에서 제일 편한 大字 모양으로
혹시 내 엄니 다시 만날 행운 여는 동영상의 나라
그 속으로 이끄는 책이나 보는 일상과의 열애 중이다

먼지

살암(사람 사는 세상)
기막힌 삶의 한가운데
꿈틀거리는 그거 모두
팔색조이어라

야단법석
시끌벅적
돌고 도는
오일 장터, 어느 봄날
구름 떼같이 모여들었다
다시 흩어지며
쓸쓸히 파한 곳

한바탕 회오리바람에
휩쓸리다가 남은 것 하나
있었는지 없었는지
하얀 눈발도 눈치 못 채는
흔적, 흔적들 그거

휴지 조각 하나에도
덤으로 남아 있을
티끌 같은
먼지 먼지이더라

참사랑의 참사람

이땅의웃어르신네는어찌사는지아느냐구유소문인디유늘즐김은삐걱선미뻐우는개구리놀음같기두하구글시지구를닮았음인가안에서는물쓰듯문밖에선어처구니없는행태참못말리는어르신네들이래유떠진눈감는순간까지뚱땡이는모르쇠로딴전피우는데두유. 여의도기상상태는어떠냐구유참기막혀유존경은개뿔국개국해뭐라느니든잡는건민망한소리눈코치라도있음몰염치는분수로라도나눠봐야하는디관측되는건명첨지뿔유지되느냐에있을뿐곳간지키는일에는먼산바라기다름없다네유. 나랏일보는이들유그것들유거저하는일은느림보지들자리지키는데는기막힌낯은포복깜짝변신에도도도사라공복은뭔개풀뜯어먹는소리냐네유. 다산선생이사숙의스승이련만이시대의목민관들무늬만비슷할뿐벼슬놀음에만영혼이머물뿐들은사숙이뭔지도모르는돌치머리. 판검사경찰들같이기강을바로잡는일들을맡은자들은힘좀쓰는탓에지위고하가림없이목디스크달고지내며법적용을멋대로안하무인갑질밥먹듯하는몰염치들이많은가봐유. 폴란드바웬사아류들이비웃을영혼없는노동귀족들. 이자들의지시대로움직이는헛똑똑이머슴노릇한지울수없는탓에분홍글씨이마에선명히새겨지게될앵무새무리미꾸리기레기들의후안무치, 스승의존재를스스로노동자로자처미래세대를좌클릭시키는데에만골두서있듯그지없는말종들집단의비열한짓거리로국격이얄짤없이망가뜨려지는데도모두가나갔는가봐유정신이. 하나같이멘붕으로망해가는블랙홀로빨려드는것같은도무지이해할

수없는이나라!아, 이땅이시상이그저안타까울뿐이여유어찌이 슬기로운겨레나라가졸지에이런험한꼴로돼가는지기가막히고 기막혀유. 한때잘못판단한탓에되돌려놓을수없는억지춘향으로 권불십년의회전의자하나씩차지한오징어먹물먹은작자들이여 한평생막급한후회두려움가슴에안고갈당신들에게국민의이름 으로손모아바라지유. 이나라를멀미나어지럽게만들어가는날라 리허깨비다름아닌자들이여자랑스러운이나라자존헌법을무시 무법떼법탈법의위세로국민졸로보는팔색조노릇이제그만삼갔 음해유. 저붉은이리승냥이늑대대가리에목숨줄내놓고사후약방 문이듯통회할어리석고오만한짓좀제발에서멈추는용단갖구비 록늦었지만올바로된영혼되찾아오로지아름답고위대한이나라 만들어가는거룩한일에피땀흘려가며애를다하는참모습을보여 줌이어떠우.

 아, 괜한 걱정을 더 하지는 마슈 이 시상 이 땅은 언제나 살기 좋은 우리 삶터 아니유. 한평생 일하고만 결혼해 사는 참사람들 이 을매나 많은지 잘 아시잖아유. 개념 없이 냅다 버린 온갖 쓰 레기 더미들을 환경을 미화하려는 굳센 신념 하나로 구석구석 쓸고 닦고 해맑게 만듦에 맘결까지 아리따운 신神의 손, 미화에 애쓰는 임들. 뒤본 것부터 온갖 썩은 내까지 말끔히 처리해 내 는 안팎의 천성까지 반듯한 지극히 향기로운 임들. 이승 떠나는 어버이를 새끼 놈마저 나 몰라라 외면하는 비정한 이 시대에 아 무런 인연도 없는 이들임에도 결 고운 심성 갖구 늘 웃음꽃 피우 며 환우의 반려로 미쁨 안겨 주는 간병 전문 천사들. 늘 생사의 갈림길에서 두더지가 무색하게 무수한 광물질 캐내고 터널 내 느라 땅속을 가로세로 뚫고 뚫느라 매매일 얼굴에 이름 모를 지도를 그리고 지우고를 반복 고생을 봉사로 여기며 사는 강심장 지닌 싸나이 중의 참스러운 싸나이들. 어려운 삶들이지만 죄짓지 않도록 올곧게 이끄는 성업을 수행하며 일생을 하느님 부처님만을 섬기며 사는 신부 수녀 스님 등 고매한 성직자님들. 넘너무 많은 분야에서 살만한 이 시상 위해 묵묵히 피땀을 세례로 받는 노역을 봉사로 바치는 이 시대에 참사람들이 참사랑을 실현해 내기에 그래도 이 시상은 굳건한 반석 위에 존재하는 거 아니유. 그래서 외밭에 구르며 살아도 천국보다 이승이 낫듯이 진정 살아볼 가치 있는 낙원 같은 푸르른 삶터가 늘 아름답게 유지 펼쳐져 있으리니 좋은 거지유. 이런 아름다운 삶터에 언제고 지낼 수 있음은 의롭고 결 고운 천사님들 같은 아름다운 분들의 그지없는 희생과 봉사가 늘 이루어지기에 가능한 거지유. 물론 결국은 이 땅 이 나라 이 겨레 이 시상을 온전히 사랑하시고 지켜주시는 오로지 한 분이신 하느님 때문이심은 불 보듯 분명한 거지유. 아니 그래유 그래유 그러믄 아―멘! 하세유. 주님의 은총 충만히 받을 거니까유.

추상화

돌머리로는 칸딘스키가 미친 사람이었을 거다
피카소는 정신분열증 환자였을 거고
이중섭도 제주도 돌 바닷바람 천지에 뭐가 어찌 된 거고
삐딱선을 좀 타봐야 미칠까
바짓가랑이 사이로 뭘 봐야 좀 이르는 방법 알까
아마도 소설 글쟁이보다야
詩 나부랭이 쓰는 이가 좀 가까이 이르겠지
아! 음악이 한결 보이잖는 애증을 뇌리에 그려 넣겠지
세상엔 말야 보이지 않는 보이는 것이 더 많잖아
예수님 보았어
근데 굳게 믿습니다 하잖아
왜 그러겠어 아름다운 삶이 주님을 그리듯이
추상화가 바로 주님을 굳게 믿게 하는
그런 그림 아니겠어
추상화 그런 거였어
그거였구먼

벚꽃이 피고 질 때

날 선 퍼런 서슬에도
땅속 깊은 열혈이
긴긴 낮밤
슬며시 슬며시 키워낸
봄 새봄 아씨
긴 하품에 기지개 켜니
자주 우닐던
바람 괭이 소리는
어느샌가 사라지고
생기 싱싱한
봉긋한 꽃망울마다
소리 없이 터지는
튀밥 같은 꽃
곳곳에서 피어나는데
숨죽이며 엿보는
달님은 부끄러움에
홍도 빛이 선연하다

발갛게 달아오르는 여심의
연분홍 향기 어린 봄 누리
기나긴 인고의 아픔 딛고
피고 또 피고

지고 또 지는 꽃무리
앞다투어 가며
예제 곳곳에 펼쳐내는
꽃 잔치 누리
꽃 중의 스타 히로인
메마른 세파 돌치시모로
멋들어지고 흐드러지게
천지 뒤덮는 절경
순백의 벚꽃 베풂을 보라
홍안의 어여쁨 그대로
미련은 안녕
떠나가는 뒤태도 아름다운 그대

누항陋巷에 굴러다니는
허섭스레기들
어러구러 한 잡질 짓으로
시간을 갉아먹더니
앙다물 듯 움켜쥔 주먹손
아무것도 아님의 헛것임을
손바닥 펴 보임으로 가는 인생

백목련 땅에 누운 잎보다도
누추함 거시기로
사라져야 하는 숙명이니
어찌 아니 부럽지 않으리
아름답게 춤추며 가는 그대이거늘

섬뫼 울림은 ―

제4부

바람 타는 물새 한 마리

보고 싶다

보고 싶으이
갖고도 싶고

똑소리가
눈에 찍히고
철딱서니 맘에
그네 되고

스리슬슬
영상에 파문 일지라도
여김의 잣대는
백송白松*이라

손안에 공깃돌이
부끄하게 바라기
몽상이
인연으로 꽃피우기

* 백송白松 : 추사 김정희 고택(충남 예산군 신암면 용궁리)에 있음

조국이 말한다

조국이 말한다
천손 겨레로
오천 년 가까이
사위의 잡것들
그지없는 분탕질에도
忠義 절절한 기백을
어여삐 여기시는
하늘이 보우하심으로
자유 넘쳐나는 넉넉함 속에
호젓한 삶 호사 누림이
거저 얻어진 것인가라고

그지없이 살 떨리고 피 튀기는
안팎의 환란을 겪어왔던 겨레이거늘
오늘에도 헌신짝 다름없는 찌질이들이
뻐얼겋게 염색돼 갖고
하냥 하는 짓이란
똥돼지 밥 되는 게 그저 소원이듯이
지들 세상 다 된 듯
위아래 미쳐 날뛰는 거
가리사니가 다 무엇
가리산지리산하는 오방 꼬라지

〉
진절머리에 치 떨린다 했다
뿐이면
숨쉬기 빼면 다 거시기
주제도 모르는 서푼짜리나 될랑가
조국의 운명이야 알 바 아니지
그저 몽니부리기 어거지 강짜 노름에
우리 님 애간장 녹느니

달이 피면 시들 듯
우리 님 앞날 산 첩첩이라도
때 되면 반드시 좋은 날 있으리라
하늘 섬기며 어렵사리 버텨온 당신
내일 날엔 반드시
사랑의 아우라로 아름다이 다시 빛나실
결 고운 순백의 그대 우리 님 조국

저녁때가 되었다 해서

저녁때가 되었다 해서
서러워할 까닭이 뭬 있으리
황홀한 노을의 서녘이 아름답거늘
지는 해가 적이 마알간 것은
해맑은 이 누리에
바람둥이 구름이
제 잘났다 마냥
심술부려 먹장 만들고
가재는 게 편이라선지
끼리끼리 노는
성질머리 고약한 바람탱이
이골 난 패악질에 잡질 해대고
마른 공간에 한풀이하는 건지
천둥 번개 날벼락 꼬라지
없는 한풀이 별짓거리로
벽공을 휘젓는 암울한 세태임에도
시나브로 지는 해가 너무도 아름다운 것은
끄떡없이 결 곱게 절조 지켜온
경외로운 자태
열정의 본새라
오전 즈음 때나
한창 대낮이나

〉
나이테 적잖은 오후든
막 나가는 망나니 행태로
저녁때를 비웃지 마라
무시도 말고 까불지도 마라
되로 준 망동 말로 받는
누추한 저녁을 머잖아 맞을 것이니
깨달으라 역지사지를
니들 때를 참답게 이끌 참스승
뿌린 대로 거두는 자연
따를지니라 대자연
묵언의 이르심을
스스로 깨우침 얻을 수 있는 복 받으리니

고향故鄕 속의 또 다른 고향

왜 태어나는가
바다로 가기 위해서
왜 바다로 가는가
바닷속에서 살기 위해서
왜 사는가
고향으로 가기 위해서
왜 고향으로 가는가
또 다른 고향을 만나기 위해
왜 또 다른 고향을 만나야 하는가
숙명 아닌가
왜 숙명이라 여기는가
글쎄다
글쎄다?
풀리지 않는 숙제일 거다
왜 그리 속단하는가
이제까지 그 뉘도 속 시원하게 풀지 못하였다
더 이상은 우리 문제가 아닌가?

아름다이 지는 꽃

자웅 교합의 황홀경에서
은총 받은 고결한 생명체가
만들어지듯이
매서운 시절
아픔을 겪어 낸 결기가
따사로운 햇살에
아름다운 꽃을 빚어내느니
백목련이나 양귀비꽃처럼
순백하고 화려한 본새로
태어나지는 못하였어도
또 다른 고향을 맞이할 때에는
바람결에 아름다운 춤을 추어 보이며
어디든 가리지 않고
순결하게 지는
벚꽃처럼 그리되고 싶다
순명에 순응하는
그 어느 날

운명 소나타

몸 맘이 신나는 놀애에
푸르름이 시나브로 찾아오느니
놀애도 놀애 나름
골품骨品 높은 놀애에는
안식이 스스로 자리하고
흥이 절로 살아나느니
놀애는 놀애다워야
생명을 오래 유지하는 놀애라

몸 맘이 싱그러워지는 소리에
잠자는 정기가 팔팔해지느니
소리도 소리 나름
골품 높은 소리에는
선한 신령이 스스로 자리하고
자연스레 얼싸둥둥 사랑이 이느니
소리는 소리다워야
해맑은 운기 살리는 소리라

껌딱지 찰거머리도
이놈에게는 발톱 신세도 아니라
십오륙 년이나 땅 밑에서
도 닦은 내공으로

〉
십자가 숲에서
피 터지는 소릴 내뱉지마는
겨우 십여 일 만에
나자빠지는 녀석의 사촌 같은 게
고요가 숨 쉬는 내 안에서
낮밤 없이 까칠한 소릴 해댄다
삶이 무너지는 순간까지
고장 난 유성기 다름없는
소릴 해댈 터
뭔 억하심정인지
참으로 어이없는 팔자

괭이 바람새

소리 하지 마
설치지 마라

선잠도 설칠라
아가도 놀랠라

웬 괭이갈매기
울어예는가
바닷가도 아닌 곳에서
것도 낮도 아닌
고요마저 숨죽이는 때에

고막이 찢길 소리
무슨 괭이갈매기 소리
괭이 바람새 눔이
지랄에 광란을 떤다

결 고운 민심
삶이 삶이 아닌
몸살 마음 살로 지쳐가는 마당에
닥치는 대로 망쳐 놓는
그지없이 난폭한 괭이 바람새

〉
더 이상 까불대지 마라
머잖아 고요가 일어서기만 하면
쫓겨날 신세 될지니

소리 내지 마
아무 짓 마라
차라리 사알금 살금 떠나거라
고요 깃든 해맑은 기운을 위해

그 아이

가끔 아주 가끔 생각이 난다
그 아이

女高의 국어 교사 시절
황순원님의 소나길 가르치며
넘 너무 놀랐었다
우리 둘의 이야기
님이 어찌 알고 쓰셨을까
때부터 속절없이
내 안에 왔다가 사라지곤 하는
그 아이와의 안개 같은 因緣

말이 인연
배꼽을 옷걸이에 걸어놓고
웃을 노릇인가
고무신을 땅바닥에 쳐대며
울어야 할 노릇인가
바람 비 다름없는 인연

충남 예산의
신암초등학교 4학년 때 비롯
소나기처럼 다가와

〉
이슬도 슬프게 사라진 사이였던 거
것 말고는 아는 게 없는 사연
학년도 이름도 얼굴도
무엇도 기막히게도
근데도 속절없이
보고픈 거다 가끔

어딘가에 있으면
할망구 돼 있을
그 아이
내 몸 맘에
안개같이 왔다가 사라지곤 하는
그 아이가

마침내 어설픈 詩로나마
아스라이 그려지는 서글픈 思緣

그림자는 그래도 낫다

제우스의 능력이 왕성할 때는
모든 것이 해맑은
또 다른 제 모습을 지닌다
훼방꾼의 장난이나 기력이 떨어지면
또 다른 모습도 쇠잔해진다

이 주제도 그랬다
늦은 아침부터 저녁에 이르기 전까지는
또 다른 존재도 뚜렷했었다
저녁에 이르면서
존재의 선명하던 모습은
시나브로 흐릿해지고 있음을 실감한다

빼어난 주제 아니니 다시 또
해맑음 되찾기는 글렀음에
왕성했던 때만 자주 그리며
빛을 잃어가는 서러운 존재 돼간다
이미 흐릿해진 그림자 처지이다 보니
존재마저 홀대받는 황혼

빛나는 역사를 만들어 낸 주역 세대
공경하는 웃어른으로 여겨 주리라는 바람은

모기 눈물만큼도 없을지라도
미친 바람은 먹구름 헤쳐 가며
해맑은 그림자와 같이 밝게 지내온 이력을
홀대와 무시 부정하는 시방의 조류는

그림자조차 보고플 허울뿐일 삶 되지 않는다
그을세

모닝커피

못 말리는 별종 친구
아메리카 'NO!'라면서도
어김없이 아메리카 노를 찾듯
아메리카 노
네 맑은 이성을 선호하며
상큼한 아침을 맞이한다

신록의 시절
코펀지 커펀지
멋 맛의 유혹은 무슨
그저 여일 마주앉아
열나절 연분홍만 그려대던
그미 영상이
어쩐 까닭으로 이 아침
모닝커피 속에
선연히 나타나는가
정겨움 샘물 일던 시절
모닝커피에 떠 있던
정이 어린 월녀처럼

맘 달리 몸 달리 만드는
표정 없는 시공 때문

〉
모닝커피 속에
속절없이 떠오른
그미를 보면
것도 한창인 만추가
회억 잠 깨우는
이 아침 해맑게 만드는
향훈 그윽한 모닝커피에

내 아직은 추억 먹고 지낼
주제 아니라 여기는 터에
오늘은 더 좋은 아침이렷다
신록의 시절 여인을 만났음이니
오 사랑이신 주여!
늘 오늘처럼 새 봄기운
신바람 이는 나날 베풀어 주소서

해운대 스케치

벗어난 일상은 소풍
세 아들딸 내외가 마련한
간만의 깜짝이 일상 탈출에
그지없이 미쁜데 생기까지 일다니
나이 들면 어린아이 된다드니
우리 부부가 적이 그랬다

부산항 부산역에게
낼 다시 보마하고
갈매기 한 녀석도 환영 없는
무정한 광안대교를 타고 날래 달려
하루 낮밤 신바람 맞을 해운대 품 안에 들다

해무海霧의 요술
어디가 하늘이고 바다인지
연파랑 일색의 하늘바다
한창의 봄날이언마는
공중을 덮고 있는 솜털에
무더위 기승부리는 무엄함이 지나치다

기도 중인가 해운대 앞바다
살가운 바람결 물결 가치놀마저

〉
일으킬 기미도 없는데 바다 가운데서
날쌔고 날렵한 동체 여럿이서
경쟁이나 하듯
빛의 속도로 질주
거대한 은빛의 포말로
긴꼬리를 만들어가며
현란한 기예를 펼치는 사이에
드센 기력이 빠진 더위는
바닷속으로 가라앉고
화풀이 해댈 곳 찾던
쳇중도 시나브로 사라지는 터에
해운대 막힘없는 앞바다로
어둠이 조심스레 찾아들고 있다

꼼바리 나부랭이

세상이 한결같이 부러워 샘낼 만큼
눈길이 꽂혀있는 이 누리 무궁 누리
천하에 자랑스러운 님 칭송하올 우리 님

百年에 몇 번이랴 하늘이 내놓으신
이 누리 으뜸 어른 욕 뵈는 꼼바리 놈
죄악이 태산 이루니 天罰인들 없으리

이 땅의 부귀영화 은택을 가소로이
짓밟는 망나니들 머리 위 하늘 계심
알고도 패악질이니 어쩔 건가 불지옥

하오나 敬畏하올 오 주님 베푸소서
영광은 하늘이듯 이 땅엔 주님 사랑
끝없이 넘실거리는 평화로운 자유를

노욕에 걸려든 허깨비

가슴속 허허들판
믿었던 도끼자루
오간 데 없어지니
요란타 빈 깡통이
지 잘난 소리 소리로
동네방네 휘돌고

연어도 아닌 것이
엽전에 허릅숭이
손 비벼 깃 세우니
역류성 잡것들이
망신살 올라타고는
지랄발광 떠느니

헌걸찬 놀뫼마저
허위허위 허위단심
허정대는 허깨비네
허영대며 허영허영
꼴불견 허영주머니
다름없이 되는고

월녀月女 이야기

 여인국의 모태 월녀, 치성 들어주는 월녀, 밤의 역사 수놓는 월녀, 달아오름 부끄부끄 해. 눈부신 해님 숨겨주는 연정, 찬란한 낭군 위해 밤낮 마다하는 겸손의 아이콘, 해맑기만 하는 궐녀厥女, 파문은커녕 은하수마저 숨죽이는 곳, 질식할 것 같이 미동도 허락잖는 고요의 바다. 그 바다 밑 요지경 사바 누리를 사랑으로 지켜내느라 숨소리도 들림 없이 고된 유영 속 주태백이 음탕한 놈 되지 못한 놈 가지가지로 여인네 속 헤집어 놓는 짓 속속들이 밝혀내는 거울이네.

 인공위성 탐정 노릇으로 애처로운 여인들의 소명 들어 주고 아름다운 사랑으로 보듬는 사이, 고혹적인 모습은 어느 결에 사라지고 애련함 그지없이 서산넘이도 되기 전에 핏기 잃은 월녀, 낮달로 남은 숙명적 회생의 여정, 낭군님 품 안에 들어서야 안식 누리며 낭군님 사랑 듬뿍 받아 다시 황금 같은 모습으로 어둠 밝히는 그대 월녀, 그대는 동서고금 어둠의 바다에서 어둠 살라 밝히는 반려자라, 그대는 무궁한 우리 사랑, 우리 사랑은 그지없는 그대일세.

제5부

인생의 의미 그 하나

꽃 중의 꽃

치매 놈이 넘볼까
꽃님일 빚고 또 빚는 당신
당신은 아시는가
결 고운 꽃님이들의
향기로운 미소를
냉소적인 세월마저 서글퍼하듯
낮밤 없는 열정의 작업이
아름다이 꽃님일 그려내는 당신
당신이 내 보긴
연정의 향길 자아내는 아리따운 꽃
꽃 중의 꽃이라
모란도 눈물 훔칠 듯
이내 마음 밭에 이미 꽃이 된 당신
꽃 마음으로 날 어여삐 보듬듯
당신의 영육도 꽃다운 꽃
꽃 중의 꽃같이 열정으로 빚어 보이소
내 연인 내 사랑 여보 당신
꽃 중의 꽃이여
사는 날까지
시들지 않을 꽃으로

눈물, 어찌된 사연인지

눈물이 난다
뭔 일로 어지간히
좋아지려니 그러한 것인가

눈물이 흐른다
꽃향길 질투하는
봄비처럼 어지간히

눈물이 슬피 운다
무너져 내리는
육신 때문만도 아니라는데

눈물이 웃는다
메말랐던 이력이었는데도
나름 일가 이룸을 스스로 미뻐하듯이

수액 흐르듯 내린다
한없이 그지없게도
숨 쉬고 있음을 늘 감사하라는 듯

늦저녁

어둠이 살금살금 온다 해서
저녁은 아니다
햇빛보다 진하다 해서
저녁도 아니다
달이 해를 가린다 해서
저녁 또한 아니다
한참 대낮에 먹장구름이 장난친다 해서
저녁인 것도 아니다
콩알 하나라도 도망갈까 봐 주먹 움켜쥐면
저녁 아니지

손발에 먼지 한 놈도 없이 말짱 비우는
말본새 정갈할 즈음 돼야
저녁인 거지
안빈安貧 청빈낙도淸貧樂道에 혹할 즈음에야
저녁이 오는 거지
가지런히 누워 손바닥이 하늘을 볼 때
바로 그때가
고요가 살맛나는 늦저녁인 거지
하늘땅 그리고 사람
사람이 하늘과 땅으로 찾아들 제야
늦저녁의 황금기일 거고
아니 그러하오

그리움
- 고목에 꽃 피우는 미련

그리움은 골다공중 약 되는 푸른 피
푸르른 활기의 도우미 알칼리성 생수
눈길도 외면하는 고목에 꽃 피우는 미련

그리워 그리워하는 그리움의 그리움은
낡음을 초극하는 연분홍빛 연정의 샘
나자빠진 볼록이마저 다시 일떠세우는 생기

응달이 진 그리움은 피 말리는 애련
하얀 밤 애태우므로 지새우는 가슴앓이는
엔간한 언 날에도 접지 않는 지조 머금은
홍매화 빼닮은 님의 뜻 읽지 못한 비련 아니련

그리움은 제사람 아닌 남에게 갖는
시달큼 쏩쌀함 같은 정 그리움
잊지 못하는 애달픈 몽상 그리는 헛마음 아니련

사뭇 그리워 그리는 서글픈 인연의 정은
어쩌다 이성의 마력에 빠진 채
무의미로 날 새 버린
허무한 연모 애틋한 애상 속에서나마

〉
님 그리워 그리워하는 그리움이라면
참 그리움 아니리

길동무

선잠도 소식 없어
이저리 뒤척이는데
귀청의 미쁜 소리

늙다리의 길동무
나 좋대서 귓속에
자리한 소리꾼

숨소리 또렷한
늦밤에 소리하는
내 사랑 명창

우울과 외로움에
주눅이 들 때면
울림 있는 열창

넌 내 삶의
절친 길동무지만
내 안해 다음이러니

어느 때건
신들린 듯

소릴 하는 거

니 일방적으로
들이대는 거
짝사랑도 분수가 있지

니 진정 쫓겨나고
싶잖으면 이내 심기
살피며 즐김이 좋으리

구봉산! 몸짓으로 말하다

대한민국의 중핵 도시
한국인들이 가장 살고 싶어 하는
제1위의 도시 대전 한밭이 자랑하는
8경에 뽑히는 '구봉산'
구봉산이 아파하니 서글프다

뻐꾹 뻐꾸기 외면한 구봉산
몇 해 전 한겨울 북쪽 비탈진 곳에
한 쌍의 진달래꽃이 화사하게 미소 짓던
멋들어진 명산 구봉산이
헛헛한 가슴에 싸늘 바람 소리 따라
휘파람 불며 황금에 눈먼 속세를 한탄타

산새들 풀벌레 날짐승 뭇 생명이
인자한 구봉의 포근한 품속에서
자연스레 숨 쉬는 터에
복어의 배불림 뺨치는 욕심들이
마음 밭이 자애로워 말이 없단들
어마무시 뭔 말뚝들을
알박기 하는 놀부 짓에
시시때때로 옷 갈아입는
논밭들을 구경한 지 언제였던지

개골개골 개구리 맹꽁맹꽁 맹꽁이 타령
구성진 노랫소리도 듣지 못한지
그 또한 언제부터인지
기막힌 인심에 긴 한숨
내쉴 때가 많다 그러오
꼴도 말이 아니라면서 또 한숨 지다

자연이 자연을 자연스레 무시하면
어찌될 자연이리오

고목에 꽃이 피려는데

어느 봄날 전군 가도에
열병해 있는 벚나무들은
기력이 떨어져 있더군요
나이 들은 탓이겠지요
링거라도 주사하면
우선은 약발을 받으련마는
잠시 가슴이 멍해지더군요

회춘이라도 되려나 봐요
생기는 바닥인데도
고목에 꽃이 피려 하네요
것도 사랑 꽃이요
차암 별나지요
것도 저물 무렵에
연신 곤장 맞는 정내민 어찌하고

저를 찾아온 나비 둘
제가 피기도 전에
유혹하네요
빨리 가슴을 열라고
여기저기서 흰 눈을 보이면
금세 시들어질 꼬락서닌데

기력 다 긁어모아
한 번 피워 볼래요
모닥불꽃 이는 사랑 꽃을

그릇

그릇은 종이다
노릇하기로 했으면
그릇다워야 그릇이지
그릇되게 하면 깨버려야지
그릇이 더러우면
잘 닦아낼지 버릴지는
임자 맘이다
그릇의 쓰임도 가지가지
유리그릇 사기그릇 옹기그릇
됨됨이 맞게 제격에 맞게
쓰임도 임자 맘이다
종이면 종이지
임자 노릇하면
날벼락 선물 받기 십상이지

알콩달콩 둘이 하나 되는
2021 새 마당엔
그릇됨 없는 그릇
임자 맘에
이쁨 받는 그릇이 제격
볼썽사납게
떨그럭 쨍그랑 와장창

<u>스스로</u> 명 재촉 것은
냅다 버림받을 뿐 별수 있으리
결 고운 종노릇하기는 그른 놈이니
바라기는 지대로 종노릇하는 놈
한 놈이라도 제발 보고 지고다

사랑 꽃 당신

밤하늘의 샛별 같은
은혜 베풂 터
사랑님 당신은
고혹스러운 사랑 꽃

욕심 이는 보석일지라도
순결한 꽃이요
꽃 중의 꽃다운
사랑 꽃에 비할 손가

서산마루의 고적함에
허허로운 삶
떡하니 버티어 설
기개마저 메말라갈지나

사랑 꽃의 히로인
사랑님만 볼 수 있음
이지가지 허접스런 영육은
괭이 바람처럼
날래 사라지고
은빛 물결처럼 미소 이는
아낙이 되곤 하지라

〉
양귀비꽃마저 부러워할
사랑 꽃 당신
서산넘이 끝자락이나마
해맑은 영육 속에
미쁜 삶이도록
비단보다 결 고운 사랑
바라오이다 그지없기를

사랑해요 당신, 그대

사랑해요 당신
이 몸이 당신
한 치 어긋남 없이
둘이 하나 된 인연이기에
당신은 나요 나는 당신이라
사랑으로 사는 거 필연이지라
사랑 말고 뭐 있수
아니 그래요
사랑하는 안해(아내) 내 당신

뻐걱 바각대는 사지 육신
기름 치고 조이고 닦아
100세 인생 맞이하시라
기도와 봉사 다 하는
이 사랑 여인
좋아해요 그댈

인생은 자연
나타나고 사라지는 거
자연 아니랴
자연은 주 손안에 있으이

〉
주께서 베푼 은혜
모르리 어이할 손가
사랑해요 당신 숨 멎기까지

싶다

너
갖고
싶다
너라면
더불어서
라일락향기
맘껏마시면서
보고지고늘함께
사랑으로어더울렁
아리아리아릿다웁게
즐거운인생그리리라
찰나의삶일지나그린듯이
칼바람속정하나웃뚝의지로
탈무드지혜갈닦으며일군삶
피새내는누리주눅들일없음이라
허위단심제쳐놓은그대와나의삶

'싶다'의소망이거개이루어진이제
무위자연으로돌아갈때까지
헌걸찬숨을쉴지니
그대내연인김성옥율리아나씨
늘사랑하오, 주님의은총안에서

디오니소스와 연애는

금주 중!
뭐하겠다고 금주 중에
금주 중이라고
아 글시 금주 중이 어떠하냐니까
아코, 이번 주로 알아먹었구먼
그라믄 뭔데
디오니소스와 만나지 않는 중이라고
뜬금없이 뭔 生成?
미쳐 버리겠네
긍께 알아듣게 말해 보라구
주님을 모시지 않고 있다고—
야! 부활절 기간에 주님을 아니 모신다구
아이쿠, 말을 말아야지
니 주님을 아니 모시는 중이라면서
…

주酒, 술!
술이 어때서
에쿠 상대를 말아야지
그래 니 자알 났다 상대하지 마
…
예따 박카스나 마셔라
니는?
금주 중!

아프지 마오

아프지 마오
아파하지도 마오

주인 뜻 따르듯
철 지난 눔의
어린 양 짓도 받아 주시구랴

맑음 흐림 비 그리고 바람 이는
죽살이에 뭬 그리 아파하오

주인 섬기는 가슴이라면
그댈 못 잊는 어리숭이 아양
보아줌도 마땅하련만
뭬 그리 장막을 치려 하오

이왕 나선 외출인데
주인 뫼시는 열정 한 점 떼어
불금 즐김 뭬 흉이리오

주인 향한 그대 순정
주인님도 손금 보듯 아시리니

〉
그대 아파하면 주인님이 속상하리니
주인님 사역 위한 영육 아파 마오
아프지도 마오
태연해야 하오
미운 오리도 보듬으려면

인생은 배 아니련

인생은 배
머리 위 발 아래
드넓은 바다에서
세월의 바람에 이끌려 가는
한 잎새에 지나지 않는
자그마한 배

머리 위의 바다가
무겔 못 견딜 듯하면
땀 흘리고 물 화살 내리쏘듯
발아래 바다도
지방 덩어리 똥배 되듯
배부름이 괴로우면
한증막 수증기처럼 내뱉느니

어둠 살라 먹은
빨강 풍선 배
동산 바닷가에 나타나
서산 속으로 사라지고
손발톱 모양으로 드러난
작은 배 시나브로

〉
배불린 복어 배 되다가
괴이하게 손발톱 배 되다
사라지는 거
세월의 노릇이듯
하나의 나뭇잎 같은
허허로운 배도
그저 세월 물결 따라
떠다니거나 뒤엎어지거나
뿐 아니런

핼비 손들다

채 열 살도 안 된 손녀 앞에
일흔 넘은 핼비 홍시 됐다

이 더하기 이는?
얼어붙은 오리는?
죽은 소는?
오래될수록 젊어지는 것은?
영원히 돌아오지 않는 것은?
슈퍼에 있는 사람은?

눈망울이 샛별 같고
앙증맞은 연슬이한테
명예교수 핼비
명예가 엉덩방아 찧다
퀴즈 맞히기
기껏 10여 분 만에

금지옥엽 손녀에게
머쓱해지었다마는
그래 이 핼비는
그저 흐뭇했느니
허허, 고놈 차암!

| 작품 해설 |

표현의 다양성을 모색하는 시 정신
— 김선호 시선집을 감상하고

문학평론가 리 헌 석
한국예술뉴스(신문) 발행인

1. 시를 응시하는 시

김선호 시인은 국어학을 전공한 문학박사이자, 시인이고 수필가입니다. 그는 '시사문단'의 신인상과 '문학사랑'의 신인작품상을 수상하여 등단한 이래, 본인만의 개성을 살린 시집 5권, 『말하자면 사랑은』『연정 하모니』『옹달샘의 지혜』『바람 타는 물새 한 마리』『인생의 의미 그 하나』를 발간한 분입니다. 이제 산수(傘壽)를 맞아 5권의 시집에서 몇몇 편씩 가려 뽑아 시선집(詩選集)『섬뫼 울림은』을 편집하고 있습니다.

이 시선집에 수록된 작품을 독자들보다 좀 먼저 읽고 감상한 바 있습니다. 시인의 이성과 감성, 그리고 한없이 너른 상상의 세계로 열려 있는 시의 특성에 따라, 작품을 몇몇 가닥으로 분류하는 것은 난감한 일이지만, 구성과 표현을 중심으로 간략하게 정리하고자 합니다. 시로 쓰는 시인의 시론(詩論)에 해당하는 작품을 감상하기로 합니다.

> 스승은
> 엄니,
> 금강의 모래알같이 많은
> 시라는 이름의 시, 끄적거리는 시 나부랭이… 아니
> 나부시 소우주를 빚어내는 이 그리고
> 죽살이 세상사 또 그리고
> 눈 감으면 지켜보고 눈 뜨면 속으로 달려오는
> 오감의 벗 자연
> 그에게서 감동 얻고 깨달음으로
> 꽃피우는 위대한 놀애 글 그래서
> 다시 현신의 스승
> 오도송(悟道頌)
>
> – 「오도송(悟道頌)」 전문

 이 작품의 중심은 불교 선승이 자신의 깨달음을 읊은 선시, 혹은 불교의 가르침을 함축하고 있는 게송(偈頌)의 하나인 오도송(悟道頌)인 바, 김선호 시인의 시에 대한 '철학의 구체화'로 볼 수 있습니다. 김선호 시인은 가톨릭 신자이지만, 시에 대한 이론을 정립하는 시론시(詩論詩)를 창작하기 위한 방편으로 선택한 제목인 것 같습니다.
 이 작품의 구성은 변증법에 의한 '정반합(正反合)'의 '확산적 변이형'으로 보입니다. <스승(은)/ 엄니>라는 은유로 시작한 부분은 '정(正)'에 해당할 것이고, <금강의 모래알같이 많은/ 시

라는 이름의 시, 끄적거리는 시 나부랭이…〉는 시인들이 자조적으로 시를 홀대하는 것이어서 '반(反)'에 해당할 터입니다.

　이후 '아니'라는 부정을 통하여, '반(反)'에 대한 '반(反)'이 도출되어 시의 긍정적 형상화를 유도하고 있습니다. 〈나부시 소우주를 빚어내는 이 그리고/ 죽살이 세상사 또 그리고/ 눈 감으면 지켜보고 눈 뜨면 속으로 달려오는/ 오감의 벗 자연/ 그에게서 감동 얻고 깨달음으로/ 꽃피우는 위대한 놀애 글〉에서 시의 품격과 가치를 공유할 수 있습니다. 특히 '나부시(공손하게)' 소우주를 빚어내는 것, 죽살이(죽고 사는 일, 생사)와 세상사, 감동을 생성하는 놀애(노래)와 글(시) 등은 시의 가치를 극대화한 형상화입니다. 이는 '합(合)'의 단계로 완성해도 될 터인데, 시인은 〈그래서(그로 인하여)/ 다시 현신의 스승/ 오도송(悟道頌)〉이라는 첨언으로 그 합(合)을 강조합니다.

　이 작품의 말미에서 김선호 시인은 자신을 스스로 낮추는 겸양의 자세를 취합니다. 시를 '오도송'의 품계에 올려놓으면서, 정작 자신은 '지체가 낮은 사람이 높은 사람을 찾아뵙는' 현신(現身)의 예를 작품에 담습니다. 김선호 시인의 이 작품은 좀 난해한 듯합니다만, 1차로 시 형식(구성)을 확인하고, 2차로 시어를 정확하게 인지하며, 3차로 '게송(偈頌)' 하듯이 큰 소리로 낭독하면 그 실상을 쉽게 공유할 수 있을 터입니다.

2. 시 표현의 특징을 찾아

2.1 김선호 시인은 시의 형식과 표현에 대하여 끊임없이 탐구하는 분으로 보입니다. 은유와 중의법, 연쇄법 등을 다용(多

用)하여 이해하기 어렵다는 필설(筆舌)을 대한 적 있는데, 「섬 뫼 울림은」도 그 대상입니다. '섬뫼'를 '섬의 산' 또는 '평지에 섬처럼 오뚝하게 서 있는 산'으로 단순하게 해석하면, 문맥을 파악하면서 작품의 본질에 접근하기 어렵습니다.

> 사랑의 노래다
> 사랑의 노래는 삶의 보람이다
>
> 섬뫼 울림은
> 참의 교향시다
> 참의 교향은 이상을 부른다
>
> 섬뫼 울림은
> 봉사의 메아리다
> 봉사의 메아리는 겨레 혼을 일깨움이다
>
> 사랑, 참 봉사는 선혈이다
>
> 사랑은 성령의 빛이다
> 참은 양심의 샘물이다
> 봉사는 은총의 역사다
>
> 섬뫼 숨결은 사랑의 통로,
> 참배 겨레의 숨소리는 섬뫼의 피땀이다
>   – 「섬뫼 울림은」 전문

이 작품에서 '섬뫼'를 '도산 안창호 선생'으로 환치(換置)하고 독서하면, 문맥이 수월하게 풀립니다. <(섬뫼의 울림은) 사랑의 노래다/ 사랑의 노래는 삶의 보람이다>에서 보이는 두 문장의 은유, 두 문장 사이의 연쇄법은 도산 안창호 선생에 대한 찬양을 담고 있습니다. 김선호 시인이 도산 선생의 사상을 기려 결성된 '흥사단' 대전 지역 회장을 역임한 분임을 상기할 때 어렵게 않게 유추됩니다.

　이어 도산 선생의 가르침을 '참의 교향시'라고 은유합니다. 이를 강조하기 위해 사용한 은유와 연쇄법에 의하면, 관현악처럼 감동과 영감(靈感)을 생성하는 교향시는 도산 사상의 중심을 이룬 우리 겨레의 '이상'과 연계됩니다. 또한 도산 선생의 가르침은 '봉사의 메아리'라고 은유합니다. 이 은유는 'A=B'(가르침=봉사)와 'B의 C'(봉사의 메아리)를 통하여, 은유의 가장 높은 경지를 지향하는 '겹 은유'일 터입니다.

　5연에 이르러 도산 선생의 가르침을 '사랑' '성령의 빛' '양심의 샘물' '은총의 역사' 등으로 신앙의 품계에 올립니다. 마지막 '섬뫼의 숨결'은 후진들에게 '사랑의 통로'로 기능하게 합니다. 그리하여 참배(참 배달) '겨레의 숨소리'는 도산 선생과 그 사상을 흠모하고 따르는 사람들의 '피땀'으로 교집합(交集合) 됩니다.

　2.2 김선호 시인의 시선집 제목이며, 서시로 내세운 「섬뫼 울림은」을 분석하면서 은유 중심의 시에서 강조를 위한 연쇄법의 부차적 활용을 확인한 바 있습니다. 이와 달리 「옹달샘의 이해」는 연쇄법 중심의 시에 은유를 부차적으로 병용하여 시의 품격을 높이고 있습니다.

옹달샘은 어머니의 젖이다

젖은 빨아먹어야 채워진다

채워짐은 비워짐의 비롯이다

비롯은 연으로 이어지는 인이다

인은 채워진 샘물이다

샘물은 흐름이 멎는 연이다

연은 샘물이 비워지며 채워지는 바다이다

바다는 어머니가 젖 물려 덩치 키운 사랑이다

엄니의 사랑은 유방이다

유방은 열정을 달래주는 바가지다

바가지는 어른 아이의 애물이다

애물은 취하면 취할수록 커지는 풍선 같은 거

풍선은 엄니만의 소중한 희열 담은 공간

공간은 엄니의 담대한 희생을 필설로 그려내는 시간

시간은 엄니의 가없는 사랑의 여로

여로는 모른다

모른다 늘 배 불려 주는 어머니의 유방

유방은 어머니의 내리사랑 방임을 안다

안다 해맑은 옹달샘은

생명의 원천임을

　　– 「옹달샘의 이해」 전문

'해맑은' 자연으로서의 '옹달샘'이 '생명의 원천'임을 연쇄와 은유를 통하여 입증하려는 시상(詩想) 역시 김선호 시인답습니다. 옹달샘은 어머니의 젖, 옹달샘과 젖은 비워야 다시 채워지는 것임을 알면, 채워짐이 곧 비워짐의 '비롯'입니다. 비롯은 '연(緣)'으로 이어지는 '인(因)'이기 때문에 '인'은 채워진 샘물이고, 이 샘물은 흐름이 멎는 '연'으로 정리됩니다.

'연'은 바다, 바다는 어머니가 젖 물려 키운 사랑, 엄니의 사랑은 유방, 유방은 바가지, 바가지는 어른 아이의 애물(단지)에 이릅니다. 애물은 풍선 같은 거, 풍선은 공간, 공간은 시간, 시간은 엄니의 가없는 사랑의 여로 등으로 연쇄되어 〈해맑은 옹달샘은/ 생명의 원천〉임을 형상화하고 있습니다.

이러한 연쇄법이 연쇄의 기능만으로 멈춘다면 그것은 시로서의 감동이 미약할 터입니다. 오히려 이러한 연쇄를 통하여 '비워짐과 채워짐'의 관계에서 설정된 인연이라는 점, 어머니와 바다의 속성이 동일하다고 할 만큼 어머니는 위대한 분이라는 점, 시간과 공간은 엄니의 담대한 희생과 닿아 있다는 점, 그리하여 옹달샘은 어머니가 물려주신바 생명의 원천이라는 생명 사상을 담아내고 있어 시의 격조를 살리고 있습니다.

2.3 거듭된 은유와 연쇄에 의한 표현으로 시상을 강조해 온 김선호 시인이 층시(層詩) 양식으로도 아내에 대한 사랑을 고백하고 있습니다. 이러한 층시는 새로운 시형을 찾기 위해 간혹 시도된 바 있습니다. 조선시대에 충청남도 천안에 무덤을 둔 김부용 시인(기생)의 작품집에도 층시가 수록되어 있습니다.

別,
思.
路遠,

信遲.

念在彼,

身留玆.

巾櫛有淚,

扇環無期.

香閣鍾鳴夜,

練亭月上時. (이하 24행 생략)

— 김부용 「층계시」 일부(10행)

　　김부용 시인의 층시(層詩)는 정형성을 추구하는 한시(漢詩) 사이에 들어 있어 독창적인 양식이라 할 터입니다. 특히 두 행씩 짝을 이루어 한 음절씩 늘려간 형태의 작품이면서도, 내용은 물론, 통일성·서사성·서정성을 고루 갖추고 있습니다. 그러나 김선호 시인의 '층시'는 한 행에 한 음절씩 늘려가다가 말미에 변화를 주고 있는데, 석탑(石塔)의 기단(基壇)과 같이 하단에 견고한 양식의 시 형태를 구축하고자 한 것 같습니다.

너

갖고

싶다

너라면

더불어서

라일락향기

맘껏마시면서

보고지고늘함께

사랑으로어더울렁

아리아리아릿다웁게

즐거운인생그리리라

찰나의삶일지나그린듯이

칼바람속정하나오뚝의지로

탈무드지혜갈닦으며일군삶

피새내는누리주눅들일없음이라

허위단심제쳐놓은그대와나의삶

'싶다'의소망이거개이루어전이제

무위자연으로돌아갈때까지

헌걸찬숨을쉴지니

그대내연인김성옥율리아나씨

늘사랑하오,주님의은총안에서

　－「싶다」 전문

　이 시는 주석을 요하지 않을 만큼 이해하기 수월한 작품입니다. 작품에 대한 설명보다도 현대시의 예문으로 대신합니다. 충청남도 예산교육지원청의 교육장을 역임한 심장근 시인이 「좋다, 거기 네가 있어서」에서 부분적으로 층시 양식을 인용한 작품입니다.

　　강둑이 녹는다, 향기로운 이 봄날의 어린 쑥

　　　　　　쑥

　　　　　쑥우쑥

쑥쑥우쑥쑥
쑥쑥쑥우쑥쑥쑥
쑥쑥쑥쑥우쑥쑥쑥쑥
쑥쑥쑥쑥쑥우쑥쑥쑥쑥쑥
쑥쑥쑥쑥쑥우우쑥쑥쑥쑥쑥쑥

내가 간다, 거기 아름다운 세상에 네가 있어서
 – 심장근 「좋다, 거기 네가 있어서」 전문

2.4 김선호 시인의 은유와 연쇄를 다용하고 있는 작품과 특별한 형식으로서의 층시 양식을 취한 작품을 확인한 바 있습니다. 이와 함께 여러 작품에서 시 표현의 반복법을 활용하여 시상 전달을 강조하고 있습니다. 반복법에는 동일한 단어나 어절, 혹은 동일한 문장을 단순하게 반복하는 '동일 반복'이 있습니다. 또한 반복하는 단어를 바꾸거나, 어절의 부분을 바꾸거나, 내용과는 다른 형식의 반복을 통하여 시상을 강조하는 '수정 반복'이 있습니다. 김선호 시인은 단순 반복보다는 수정 반복을 활용하여 점층법과 같은 강조 효과를 거두고 있습니다.

이러다간 그러다간 저러다간
공든 탑도 모래성이 뻔하지라

그러다간 저러다간 이러다간
요 귀여운 알카에다 뻔하지라

〉
저러다간 이러다간 그러다간
비둘기 떼 죽어감이 뻔하지라

입속으로 드는 것이 음식이면
입 밖으로 내놓는 건 살 죽이라

천적끼리 입 맞추기 하나 마나
밝은 대낮 밝혀지기 그만이라

입속 혀에 도끼 듦을 깨달으면
비둘기 행복하게 오래 사는지라
 - 「입안에 도끼 들었느니」 전문

 이 작품에서 시인은 〈이러다가, 저러다가, 그러다가〉, 멈칫 멈칫하면 하고자 하는 일들이 수포로 돌아감을 형상화하고 있습니다. 주저주저하는 사이에 쌓고 있던 공든 탑이 무너집니다. 꼭 해야 할 일을 미루는 사이에 중동에서 테러를 일삼는 알카에다 부류의 폭거를 막을 수 없습니다. 그러다가 평화의 상징인 비둘기를 죽게 합니다. 1~3연의 시상은 옳고 정직한 일을 주저하지 말라는 메시지를 수정 반복으로 강조하고 있습니다.
 4~6연은 1~3연을 형태적으로 반복하고 있습니다. 말을 조심하라는 의미에서 〈입 밖으로 내놓는 건 살죽(살고 죽음, 생사)이니 설화(舌禍)를 경계하라고 깨우칩니다. 부정한 사람들은 죄를 짓고도 입 맞추기(말 맞추기)를 통하여 법망(法網)에서 빠

져나가는 현실을 고발합니다. 동시에 시인은 입속의 혀에 도끼가 들어있으니, 이를 깨달아 구설수를 줄이면, 비둘기의 상징처럼 평화롭고 행복하게 오래 살 것이라고 강조합니다.

3. 감동적인 서정시

　김선호 시인의 시선집에 수록된 시들을 감상하며, 시상과 정서가 합일(合一)되어 있어, 작품 그대로의 감동을 생성하는 여러 편을 독서한 바 있습니다. 그중에서, 설명하지 않아도 공감할 수 있는 작품, 김선호 시인의 내면과 지향을 잘 담은 작품, 산뜻한 표현으로 다시 읽고 싶은 시「바람 타는 물새 한 마리」를 감상하기로 합니다.

　　　홀로 앞서가는 물새
　　　불같이 이는 갈채의 신바람

　　　메아리 찾는 울음소리
　　　싱그러운 바람도 함께 가는데
　　　물정을 알 턱없는
　　　나만 울음을 따라 난다

　　　푸른 이빨 흰 혓바닥
　　　춤추는 절벽 위로
　　　되돌아
　　　날아갈 바람을 만나

긴 날개를 펼치고
다시 한번 메아리를 부른다

깜깜절벽의 사위에서 펼치는
군무群舞 속에서도
외로운 나는
그저 한 마리 물새일 뿐이다
   - 「바람 타는 물새 한 마리」 전문

  이 작품을 역지사지(易地思之)하여 유추하면 다음과 같습니다. 홀로 앞서가는 물새가 있습니다. 그 물새는 어미의 보살핌을 받다가 다 자라서 이소(離巢)한 것 같습니다. 〈불같이 이는 갈채〉에 의하여 비상(飛翔)하고자 하는 내면의 '신바람'에서 유추됩니다. 먼저 떠난 새를 따라 날아가는 새, 방금 떠나온 절벽 위의 집으로 되돌아갈 바람, 그 바람을 타며, 친구들이 우는 소리의 메아리에 합류합니다.

  이 작품에서 시상이 응축된 부분은 5연으로 보입니다. 깜깜절벽의 사위(四圍, 둘레)에서 펼치는 동료들의 군무(群舞)와 울음소리의 메아리를 따라 비상하면서도, 그 새는 그저 한 마리 외로운 물새일 뿐이라는 자각에 이릅니다. 이는 바로 시인의 내면일 터, 대학에서 학장을 지낸 후 명예교수로 강의하면서도 느끼는 쓸쓸함, 시인으로서의 절대 고독, 사회생활이나 신앙생활에서 느끼는 단독자적 외로움을 감내하겠다는 의지를 표명한 작품입니다. 이러한 작품을 감상하며, 이처럼 고독한 길이 시인의 운명이라는 생각입니다.

김선호 시인은 이제 산수(傘壽)의 문턱을 넘었으니, 무사히 병고(病苦)를 극복하시고, 독자들과 감동을 나누는 시업(詩業)이 더욱 빛나시기를 기원합니다.

섬뫼 울림은

섬꾀 울림은
김선호 시집

발 행 일	2024년 7월 17일
지 은 이	김선호
발 행 인	李憲錫
발 행 처	오늘의문학사
출판등록	제55호(1993년 6월 23일)
주 소	대전광역시 동구 대전로 867번길 52(삼성동 한밭오피스텔 401호)
전화번호	(042)624-2980
팩시밀리	(042)628-2983
카 페	http://cafe.daum.net/gljang(문학사랑 글짱들)
인터넷신문	www.k-artnews.kr(한국예술뉴스)
전자우편	hs2980@daum.net
계좌번호	농협 405-02-100848 (이헌석 오늘의문학사)

공 급 처	한국출판협동조합
주문전화	(02)716-5616
팩시밀리	(02)716-2999

ISBN 979-11-6493-332-7
값 12,000원

ⓒ김선호 2024

* 이 책의 판권은 저작권자와 오늘의문학사에 있습니다.
* 이 책은 E-Book(전자책)으로 제작되어 ㈜교보문고에서 판매합니다.
* 잘못 만들어진 책은 구입하신 서점에서 교환해 드립니다.